イラストですぐわかる!

# 息子のトリセツ

黒川伊保子・著
石玉サコ・イラスト

扶桑社

# はじめに

幼い息子をかいなに抱いて、このページを開いてくださったあなたへ。

小学生の息子のやる気のなさにイライラしながら、
　　　このページを開いてくださったあなたへ。

中高生の息子と話が通じない戸惑いに、このページを開いてくださったあなたへ。

社会人になって巣立とうとしている息子の背中を見ながら、
　　　このページを開いてくださったあなたへ。

とうの昔に、息子育てを終えたあなたにも、あらためて、この一冊を送ります。
すべての、男子の母たちに、きっと楽しんでいただけて、
ヒントにしていただける一冊だと自負しています。

私は、人工知能の研究開発者です。
人工知能は、ヒトの脳の脳神経回路をコンピュータ上に模したシステムです。
人間と同じように学習をし、人間と同じように未知の事態に何らかの対応をし、
失敗もし、それを糧（かて）に賢くなります。
私は、息子が生まれる3年前から人工知能の学習実験をし、
息子が生まれた1991年には日本語対話型AI（ビジネスコンピュータでは世界初）を
稼働させました。人工知能を育てつつ、息子を育てたのです。
そんな私は、息子がおなかにいたある日、ふと気づきました。

人工知能は、入力しないと出力できない。人間だって同じじゃないだろうか。

将来、息子に、優しいことばをもらいたい。

だとしたら、優しいことばで育てるしかないのでは？

「なんでできないの！」「ぐずぐずしないで」「そんなこと言ってたら、置いてくわよ」

なんて言って育てたら、やがて、冷たいことばが返ってくるに違いない。

だって、人工知能なら、明らかにそうだもの。

私の子育てのテーマは、「母も惚れるいい男」に育てること。

だとしたら、私が、「将来、彼にしてほしい口の利(き)き方」で育てるしかない。

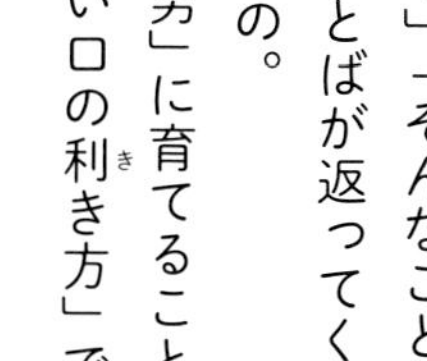

私の子育ては、そんなふうに、

「人工知能の側から振り返って、ヒトの脳を思う」ことから始まりました。

その方法は、案外役に立ち、私は、今年30歳になる「母も惚れるいい男」を手に入れました。

１８０センチの長身で、スーツが似合う肩と胸と長い脚を持ち、
ビジネスセンスはずば抜けていて、週末は自分の森に、小さな家を建てて遊んでいます。

その森の家にときどき連れて行ってくれ、グランピングライフを楽しませてくれます。

奇跡のようにキュートなおよめちゃんと一緒に、私たち夫婦と一緒に暮らしてくれ、
あらゆるシーンで、私を案じ、優しくエスコートしてくれます。

やりたいことは、どんな障害も、楽しそうに乗り越えます。

やらなくてもいいことの判断も早くて迷いがない。

物理学の話も、音楽の話も、哲学や社会学さえも60年生きた私よりなぜか造詣が深いので、
会話も楽しい。甘えたら、「よしよし」してくれます。

ダンスも踊ってくれる。料理も一流シェフ並み。
およめちゃんに世界一愛され、およめちゃんに世界一夢中で
（かといって互いに束縛し合うこともない自由な二人で）、
結婚3年目を迎えようとしています。私にとって、これ以上、何も望むものはありません。

この本で、みなさんにお伝えする「息子育てのコツ」は、

「母親が欲しい息子を手に入れる方法」です。「東大現役合格させる本」ではありません。

だから、この中のどれを採用するかは、読者のみなさんの自由。

「これをしなければ、子育てに失敗する」といったたぐいの話ではありません。

まるで、レストランのメニューを見るように、

「これを食べたいから、これにするわ」というふうにお選びください。

「彼に、こういう素質を持っていてほしいから、これをしよう」という感じで。

基本的に、間に合わないものはありません。

だから、「してこなかった」を反省することは一切なく、
もしも自然にやってきたことがあったら、自分を褒めましょう。

縁あって、息子という宝物を手に入れた同志たちに贈ります。

それでは、「母も惚れる男」のつくり方レシピ、リラックスしてお楽しみください。

## part 1 男性脳を学ぶ

## part 2 「生きる力」の育て方

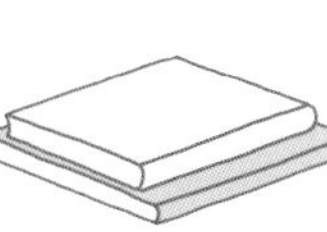

part 3

# 「愛」の育て方



part 4

# 「やる気」の育て方



part 5

# 「エスコート力」の育て方

# part 1
# 男性脳を学ぶ

男たちの脳は、私たち女性とは違う質を持って生まれ、違う育ち方をする。母親が、「男性脳学」を学ばずに、男の子を理解するのはなかなか難しい。もちろん、そんなこと知らなくたって、愛と相性の良さで、たぶん乗り切れる。けど、知っていれば、子育ての楽しさは、きっと倍増する。

**次の項目に当てはまるお母さんは、part1をチェック！**

- ☑ 最近、息子にイラっとすることが多い
- □ 息子のやりっぱなし癖が気になる
- □ 部屋を片付けない息子が心配
- □ 息子に年上の男性との付き合い方を学ばせたい
- □ 息子の創造力を伸ばしたい
- □ 息子が自分から離れてくれない
- □ 息子をどこまで甘やかしていいのかわからない
- □ 息子の冒険心を育てたい

# 「男性脳」の理解が息子育ての大前提

## 「空間認知優先型」の男性脳

ほとんどの男子は、「空間認知優先型の脳」で生まれてくる。もちろん、そうじゃないからといって不正解というわけじゃないけど、そうである男性が大多数であることは間違いない。対する女子は、ほとんどが、「コミュニケーション優先型の脳」である。

空間認知優先型は、自然に「遠く」まで視線を走らせ、空間の距離を測ったり、ものの構造を認知する神経回路を優先する脳の使い方。コミュニケーション優先型とは、自然に「近く」に集中して、目の前の人の表情や所作に反応する神経回路を優先する脳の使い方。

## 誰の脳にも〝利き回路〟がある

ヒトはどちらの使い方もできるが、とっさにどちらを優先するかは、あらかじめ決められている。誰にも利き手があるように、誰の脳にも〝利き回路〟があるのである。

ただし、搭載された機能（スペック）は同じである。男女共に、同じ脳を持って生まれてくる。そういう意味では、「男女の脳は違わない」と言っていい。しかし、脳は、どのような機能を搭載しているかより、「とっさにその機能を選択するか」で性質が決まる。

男女は、同じ脳を持ちながら、とっさに「別の装置」としてカウンターバランスを取り合うペアなのである。家族に危険が迫ったら、片方は、遠くの危険物に瞬時に照準が合って対処でき、もう片方は、目の前の大切なものから一瞬たりとも意識をそらさないで守り抜く。大切なものは、二つの機能が揃わないと守れない。

「とっさ」が違うからこそ、素晴らしい。けれど、「とっさ」が違うので、母は息子にイラっとしやすい。

## 「空間認知優先型の脳」の男子は、自然に「遠く」まで視線を走らせる！

Point

### 息子にイラっとしたときは「男性脳」と「女性脳」の違いを思い出して

**男性脳**

- 遠くの目標物に照準を合わせる
- 狩り仕様
- 空間認知優先型の脳

**女性脳**

- 近くの愛しい者から意識をそらさない
- 子育て仕様
- コミュニケーション優先型の脳

母も惚れるいい男を育てる秘訣

# 02

# 息子の「ぱなし癖」を許すのは基本のキ

## やりっぱなし癖はやる気がないから?

とっさに、遠くの目標に潔くロックオンする男子たち。トイレに行くときは、トイレしか見えない。風呂に入るときは、風呂しか眼中にない。目の前の汚れたコップをついでにキッチンに持っていこうとか、さっき脱ぎ捨てたシャツをついでに脱衣場に持っていこうとか、つゆほども気づかないのだ。結果、やりっぱなし、脱ぎっぱなし、置きっぱなしの「ぱなし」癖。いくら注意しても、同じことを繰り返す。あれはやる気がないのではない。とっさに「遠く」を選択する脳の、麗しい才能なのである。このロックオン機能がついているから、男たちは狩りが上手いのだ。

視覚野のその癖は、思考の癖にも、話し方の癖にも反映される。高い目的意識と客観性。その利点は山ほどある。理系の教科は、このセンスがないと楽しめない。事業開発においても、この能力は高く評価される。つまり、できるビジネスパーソンの要件なのである。

## 優秀な男性脳ほど、役立たずな感じが漂う

しかし「近くが手薄」なので、家の中では、優秀な男性脳ほど、役立たずな感じが漂う。「ぼんやりしがちな、ぱなし男」に見えてしまうわけ。

とはいえ、「近くを注視して、先へ先へ気が利く」脳の使い方を強制すると、無邪気に「遠く」

を見られなくなって、「宇宙まで届く冒険心や開発力」は弱体化してしまうのである。

息子の脳に、男性脳らしさを根づかせてやりたかったら、その弱点も呑(の)み込むしかない。まずは、息子の一生の「ぼんやり」と「ぱなし」を許そう。息子のトリセツの、基本のキ。息子育ての法則の第一条と言ってもいい。

ぼんやりしがちな、ぱなし癖は、「宇宙まで届く冒険心や開発力」の証(あかし)!?

母も惚れるいい男を育てる秘訣 03

# お片付けをうるさく言うのはNG!?

## 男の子が車や電車を愛する理由

男の子たちは、「遠く」優先の脳で生まれてくる。これは、空間認知力を優先して使う、ということに他ならない。**奥行認知が得意で、距離感をつかんだり、ものの構造を見抜く力が、驚くほど早く発達するのだ。狩りに必須の能力であり、理系力の源である。**

脳は得意なことをしたがるようにできている。だから、距離を測ったり、構造を確かめて遊ぶのである。男の子たちが車や電車が好きなのは、このためだ。あの艶のあるマテリアル（素材感）は、遠くから見ても目立つし、光の反射具合でかたちや構造が見ただけでも理解しやすい。息子が、初めて消防車のおもちゃを手にしたときのようすは、今でも忘れられない。鉄が磁石に吸い寄せられるようにくぎ付け。男性脳判定リトマス試験紙（微笑）。

私たち女性には、何が嬉しいのか皆目わからない「はたらくくるま」（女の子なんて、たいていチラ見して終わり）だが、こういう、かたちや構造が目で見てわかるものが、やや離れたところにあると、男子はがぜん興奮する。そこまで這って行って、その存在を確かめる。そのことが、空間認知力の高さを生み、好奇心を育む。

## 部屋は散らかっていたほうがいい

だから、男の子を育てるときは、部屋は多少散らかっていたほうがいいのである。あっちに消防車、こっちにフォークリフトという具合に。母親が、3つ目のおもちゃを出すなら、ひとつしまおうね、なんて始末のいいことをしていると、男の子は大きな男に育たないかも。

〝散らかし放題〟が、男子の最高の英才教育である。部屋が散らかっているのを、人にとやかく言われても、「息子を天才にするため」と微笑んでおけばいい。

Point

Q.
男の子が部屋を
片付けないのは注意すべき？

A.
いいえ！
息子さんの理系力を
育てたいのであれば
放っておきましょう！

〝散らかし放題〟が、
男子の最高の
英才教育である

母も惚れるいい男を育てる秘訣

# 「おとなの男たち」との時間を増やしてあげる

## 祖父や父の役割は大きい

我が家の息子は、やがて自動車業界に就職するほど、無類の車好きだった。あるとき、出張先で、とても素敵な木彫りの車を見つけたので、買って帰ったことがある。彼の満面の笑みを期待して、わくわくしながら渡したのに、彼は、心底がっかりした顔で、触りもしなかった。「ママ、知らなかったの？　おいらが好きなのは、キコウなんだよ」と彼は言った。「キコウ？」「そう、開いたり、回ったり、持ちあがったりする……」

「あぁ、機構ね」

おそらく、彼の祖父たちのどちらかが仕込んだのだと思う。男子の脳は、女の想像を超えたところで、密かに成長しているらしい。祖父や父の役割は、案外大きい。「おとなの男」たちとの時間を、心がけて増やしてやろう。

## 外の「おとなの男」との出逢い

外の「おとなの男」に出逢うのも、いいものである。息子は、小学校低学年のとき、近所の碁会所に通っていた。初めて対局してくれた方の言ったことばが、私は忘れられない。

いきなり石を渡されて、茫然とする息子に、穏やかな声でこう言ったのだ。

「さて、ぼうや。これ（盤）は、世界だ。きみは、これから世界を征服するんだよ。その最初の一歩をどこへ置く？」

息子は、瞳を煌かせて、最初の一石を置いた。

息子は囲碁のプロにこそならなかったが、そこでもらった、男たちの哲学は、きっと彼の脳の大事な一部になっただろうし、何よりも年上の男たちとの付き合い方が上手いのは、この碁会所のおかげだ。女親は、息子とよその男性との交流に無頓着になりがちだけど、機会があれば、逃さずに、ぜひ。

# 「心の聖地」を与えて創造力を伸ばす

## 二段ベッドを仮想の宇宙基地に！

男の子には、「ずっとキープする遊び空間」を与えてやりたい。何か月もかけて、ブロックや積み木を〝作っては壊し〟できる「工房」と呼んでもいい空間である。

我が家の息子は一人っ子なのだが、二段ベッドを与えて、その下の段を彼の「ブロック工房」にした。保育園の親友と夢中になって仮想の宇宙基地を作り、とうとう上の段まで使い出し、最後は部屋中に及んだ。寝る場所がなくなって、私の布団で寝ていたっけ。

脳にとって重要なのは、「想像」と「実行」を交互に繰り返すこと。「保育園や学校に行っているときに、その空間を思い起こし、帰ったら、ああしてみようこうしてみようと妄想する」→「帰ったら、実際にやってみる」、この繰り返しが、脳に抜群の創造力を作り出す。

## 聖地の確保は、はいはいし始めたころ

男性脳は、いくつになっても、基地や工房、ガレージ、あるいは海や山などの「心の聖地」を持つことで創造力を伸ばすことができる。それが明日の事業開発力になることも。おとなの男たちの外遊びにも、寛大でいてあげてほしい。

「他人が触らない、ずっとキープできる場所」があると、男の子の空間認知力はぐんとあがる。情緒も安定し、集中力もついてくる。特に姉がいる

場合は、姉にかまいたおされてしまうことがあるので、「この中にあるおもちゃは、誰も触らない」聖地があるといい。聖地の確保は、はいはいし始めたころから。できれば1畳、無理ならたとえ半畳でも、きっと効果がある。

Point 「聖地」を持つことで伸びる力！

①創造力 ②空間認知力 ③情緒の安定力 ④集中力

# 心の原点でいることが母の責務

## 母親は「原点」である

昔、幼い息子を公園で遊ばせていたとき、同じような年頃の男児を抱えるお母さんから、「おたくの坊やはいいですね、元気に走り回って。うちの子、私から全然離れてくれなくて」と声をかけられたことがあった。

実は、私は、数分前からその親子に気づいていた。母親は息子を遠ざけようと必死なのに、彼はすぐ母親の元に駆け寄ってしまう。理由は明白である。母親が、無駄に動くからだ。息子が手を離したすきに、すっと後ろに下がる。自分から離れてほしいからだろう。顔の表情も不安そうに揺らいでいる。

「お母さんは動かないで。表情もゆったりと微笑んだまま、変えないでね」と私はアドバイスした。「男の子は、母親を原点にして、世界を広げていくの。原点がふらふらしたら、距離感が狂って不安で動けないわ」

## 母の手を離れる＝人生最初の冒険

少し時間がかかったが、穏やかに立つ母から少しずつ離れ、坊やは走り回れるようになった。公園で、母の手を離れるその瞬間。幼い脳にとっては、世界へ乗り出していくのと変わらない。人生最初の冒険なのだ。その大冒険は、母をふり返りふり返り、変わらずそこにいることを確かめながら始まるのである。**幼い男性脳は、母親との距**

離を測りながら、世界を広げていく。脳の仮想空間の座標軸を、母親を起点に作っていくのである。母は、「原点」なのだ。原点が揺るがないと、男性脳は強い。安心して、外の世界に立ち向かえる。好奇心と集中力で、さまざまな感性を獲得していくのである。

Point
**揺るぎない原点であるための秘訣**

どんなにイラついていても、
「いってらっしゃい」と
「おかえりなさい」だけは、
永遠に変わらぬ穏やかな笑顔で。

母も惚れるいい男を育てる秘訣07

# 甘やかしたほうがタフになる!?

男子の自立心や冒険心は、本能である。厳しく育てたから確立するというものじゃないし、穏やかな家庭生活や、甘やかな母子関係で減衰するもんなんかじゃない。逆に、突き放せば不安を残し、自立できなくなってしまう可能性もある。公園で幼い息子を突き放そうとした母と同じ結果になってしまうわけだ。

## 彼の望みにNOとは言わない

ちなみに、後でくわしく述べるが、「失敗を恐れて、細かく口を出し、手を出す」「小言と指図と、塾と、習い事でかまいたおす」のは、男性脳をつぶす。つまり、甘やかすことと過保護は、まったく違うことなのである。

## 自立心や冒険心は男子の本能

甘やかしたら、自立できない子になる、と言う人が多いのだが、本当だろうか。

原点である母親は穏やかにして優しい存在であるほうが、男性脳は安定する。思いっきり甘やかしたほうが、躊躇(ちゅうちょ)なく冒険の旅に出られるはずだ。

そもそも、庇護(ひご)者から離れて、自分の天地を探し出したいという本能は、「遠くに意識が行く」男性脳に生まれつき備わっているものだ。ここに、思春期から分泌する男性ホルモン・テストステロンの闘争心効果が加わって、彼らは荒野や荒海に乗り出していかずにはいられない。

というわけで、私は、脳科学上のこの所見を根拠に、思いっきり息子を甘やかした。基本、彼が望むことにNOとは言わない。たとえ実現できなくても、気持ちだけは汲んでやる。高校生になっても、靴下をはかせてやるくらいの甘やかし方だった。

**母親が穏やかで優しい存在であればあるほど男性脳は安定する**

**甘やかすこと＝~~過保護~~**

# 甘やかしたほうが冒険の旅に出やすい

## 蜜月の終わり

存分に甘やかし、蜜月のようなラブラブの19年を過ごしたあげく、息子はあっさりと自立した。

大学は、家からバイクで2時間の距離にあり、1年生の1学期はバイクで通学していたのだが、さすがに6月の雨と7月の日差しには疲れ果てたようだ。こりゃ下宿しなければ無理だねということになり、家族3人で物件を探しあて、「今週末に引っ越しね」なんて言っていた火曜日。いきなり「明日から、下宿で暮らすね」と言いだしたのだ。

私は、不意をくらって動揺し、めまいがして椅子にへたりこんでしまった。

## 鮮やかな巣立ち

「でも、まだ何も準備できてないよ」と食い下がってみた。水曜日が土曜日になったからと言って、たいして何も変わらないのに。「いや、寝袋とタオルと石鹸さえあれば、人は暮らせる」と息子は笑った。

彼は家を出ていくのだ。

彼は、ただ下宿に泊まりに行くつもりかもしれないが、それは違う。彼は、きっと就職しても家に帰らない。やがて妻と共に新しい家庭を作るのだ。これは巣立ち。もう二度と、私と息子と夫、という、ほんわかした三色パンみたいな暮らしは戻らない。

翌朝、息子は本当に、寝袋と石鹸とタオルと、歯ブラシとTシャツとパンツをくるりと巻いて、バイクの後ろに積んで出て行ってしまった。鮮やかな巣立ちである。

甘やかしたほうが男性脳は冒険の旅に出やすい、と予測した私。とはいえ、仮に甘やかしたあげく、親離れしないのなら、それもいいなぁと密かに思っていた息子ラブの私だったが、脳科学上の見地のほうが正しかった。

part 2

# 「生きる力」の育て方

男性脳は、母親を、脳の座標軸原点にして、その世界観を広げていく。原点である母は、おおらかに、穏やかにそこにいればいい。甘やかしていい。前章で、そう述べた。とはいえ、息子に「忍耐力」をあげなくていいのか、という疑問は残ると思う。少しは厳しくしておいたほうが、タフになれるのでは、と。というわけで、この章では、息子の脳に、「生きる力」を与える方法について述べようと思う。

次の項目に当てはまるお母さんは、part 2をチェック！

- ☑ 外国語教育は幼児期から始めるべきか迷っている
- ☐ 授乳中にスマホを見ることが多い
- ☐ 息子の理系のセンスを育てたい
- ☐ 息子がぼんやりしてばかりで不安
- ☐ 息子に忍耐力を身につけさせたい
- ☐ 中学生の息子の成績と身長が伸び悩んでいる
- ☐ 息子を読書好きにさせたい

# 09 やるかやらないかは、母親が決めていい

## 母親が気持ちいいかどうか

本題に入る前に、ひとつだけ。ここからは、この章に限らず、私が、脳の認知構造に照らして、息子の脳の成長の各段階で実行してきたこと。私の息子に関して言えば成功したことについて、お話ししていく。

とはいえ、私は教育学の専門家ではないので、この世のすべての脳に対して有効という保証はできない。私が本書のなかでオススメすることについては、ぜひ試してみてほしいが、それを続けることについては、母親である人が「気持ちいい」かどうかで決めてほしい。理にかなってる、気持ちいいと思えば、続ければいい。

母親が悲しければ、息子も無条件に悲しい

## 息子の脳と母親の脳は一心同体

子どもの脳は、母親の脳と連動している。特に3歳までは、母親の感情までもを、そのまま写しとるようにして生きているくらいだ。母親が悲しければ、無条件に悲しい。母親がイラつけば、子どももイラつく。母親が気持ちよければ、子どもも気持ちいい。

したがって、「子どもの脳にとって、何が必要か」は、母親が決めていいのである。母親が「やってられないわ」と思ったことは、やらなくていい。

自我の確立が遅れる男性脳は、13歳ごろの男性ホルモン・テストステロンの分泌期突入までは、母親を脳の「座標軸原点」にして生きている。すなわち、声変わりするまでは、息子の脳と母の脳は、一心同体。母親がしっくりこないことは、きっと息子もしっくりこない。自分の気持ちに、相談してみて。

母親が気持ちよければ、息子も無条件に気持ちいい

母も惚れるいい男を育てる
秘訣
10

# 8歳までは母と子の対話を心がけて

Point
8歳までに作られる
「生きる力」の基盤となるセンス
① 運動 ② 国語力 ③ 理系力 ④ 芸術
⑤ コミュニケーション ⑥ 創造力

## 8歳が小脳の発達臨界期

「生きる力」の基盤は、8歳までに作られる。

あらゆるセンス（運動、国語力、理系力、芸術、コミュニケーション）と創造力を担う小脳が、8歳までに、その機能を取り揃えるためだ。8歳は、小脳の発達臨界期と言われる。発達臨界期とは、「そこまでに機能がおおかた取り揃い、以後、新しい機能が増やしにくくなる」限界点のこと。

小脳は、空間認知と運動制御を司る潜在意識下の器官だ。たとえば「歩く」は、小脳の支配下にある。小脳が担当する二足歩行は、遅くとも8歳までにマスターしておかないと、後は習得が困難になるとされる。

# 「生きる力」の基盤は、8歳までに作られる！

## 外国語の前に母語教育を！

「しゃべる」も同様で、横隔膜を使って、肺の息を排出しながら、声帯を震わせ、喉壁や舌、唇を技巧的に動かしてことばを発するという行為は、めちゃくちゃ運動センスを使う。さらに、話し相手の距離によって音量も調整している。しゃべることもまた、空間認知と運動制御を駆使する、とても小脳らしい「出力」の一つだ。

というわけで、8歳は脳の言語機能獲得の臨界期でもあり、8歳までに十分母語（人生最初に獲得した言語）の発音を見聞きし、自らしゃべって、言語機能を取り揃えなければならない。

小脳がぐんぐん発達する幼児期には、母語体験が思いのほか大事だ。母語は自然に身につくものだと思われがちだが、心がけて対話しないと母語体験は案外希薄になってしまう。外国語教育に目を血走らせる前に、情緒豊かな母語で、母と子がふんだんに対話をしてほしい。

# スマホ授乳はもったいない

## 授乳中は言語機能発達のチャンス！

母親が隙あれば携帯電話に夢中な21世紀だからこそ、意識的に子どもと対話をしてほしい。私自身は、息子が生まれたその日から、ずっとしゃべりかけてきた。「雨が降りそうね。風の匂いが変わったもの」「お腹すいた。蕎麦(そば)でも茹(ゆ)でようかな」……まるでそこに無口な恋人がいるかのように。授乳中には、ことさら、降るほど話しかけた。言語機能の発達に効果が大きいと踏んだからだ。

赤ちゃんは、目の前の人の表情筋を、そのまま自分の神経系に移し取る能力が高い。これを使って、ことばを発音動作として認知し、しゃべり始めるのである。ヒトは、ことばを「音」より前に「動作」として知るのだ。赤ちゃん自身が口角筋をなめらかに動かしている授乳中の語りかけは、母親の発音動作をコピーしやすく、発話につながりやすい。

## 「美しい音の並び」の小学唱歌

私は、母語の発音の基礎が出来上がる2歳までに、日本語の「美しい音の並び」をふんだんに経験してもらいたかった。そこで、思いついたのが、小学唱歌だ。「菜の花畑に　入日薄れ　見渡す　山の端　霞深し」なんて、どれだけたくさんの音韻の組合せなんだ、と気がついて。ナノ、バタ、ケニ、イリ、ヒウ、スレ……赤ちゃんに話しかける日常語にはない音韻の組合せに溢(あふ)れている。しかも、語感のみならず、描かれている情景も美しい。というわけで、授乳中は、まず息子への愛を告げ、次に小学唱歌を歌った。話しかける内容は、もちろん、母親の好きな内容でいい。小学唱歌をチョイスするなんて、令和ママたち向けじゃないものね。

母も惚れるいい男を育てる秘訣 12

# 「外遊び」と「自由遊び」で小脳を発達

突出した速さとか強さとかではなく、マット運動も球技もそれぞれにこなせて楽しめる、バランスいい運動能力、という言い方をされた。理系のセンスと身体を動かすセンスは、共に小脳を使う。昔から、いい研究者は体幹バランスがいいと、ぼんやりと思ってきたけれど、やはり、不可分だってことだ。

つまり、8歳までの小脳発達は、運動センス、芸術センス、そして学術のセンスにも重要だってことだ。言語能力に関わるので、国語力やコミュニケーションセンスにも寄与する。と言うことは、人間のセンスのすべてではないだろうか。

## 「自由遊び」で小脳を刺激

さて、小脳の力は、スポーツ・芸術のみならず、理系のセンスの源でもある。理系のセンスは、空間認知から始まる。「距離」や「位置」を認知し、「構造」や「数」を理解し、やがて、脳に仮想空間を作って、そこで遊ぶ。その一連の〝概念遊び〟を支えるのが、小脳の空間認知力である。

## 東大現役合格者の傾向とは?

小学校低学年の運動センスが、のちの理系の成績に比例するという報告を目にしたこともある。以前、対談させていただいた、筑波大駒場高校（毎年大量の東大合格者を出す高校である）の先生は、「東大現役合格者に共通の傾向」として、「早寝・早起き・朝ごはん」と「運動能力」をあげた。

小脳発達の決め手の一つは、野山を走り回る、外遊び。都会の子なら、ジャングルジムや滑り台などの高低差のある空間の自由遊びでもいい。

中でも、年齢の違う子同士の自由遊び（運動能力の違う身体を見て、触れること）は、特に小脳を刺激し、発達に誘う。我が家は一人息子だったので、保育園に早くから入れることは、「小脳発達支援」の一環でもあった。お母さんの手元で、手厚く子育てできることは、とてもとても幸運なことだと思うけど、一人息子をお育ての方は、「上の子」や「下の子」と触れ合う自由遊びの機会を、ぜひ持たせてあげてほしい。

母も惚れるいい男を育てる秘訣13

# 8歳までにどれだけ「ぼんやり」したかで勝負が決まる

## 眠りは脳の進化の時間

外遊びの重要性を語ったが、家の中でのミニカー遊びやブロック作りは無駄かといえば、もちろん、そうじゃない。こちらの〝内遊び〟もまた、空間認知力を鍛える大事な時間。「構造」の理解に欠かせない小脳のエクササイズだ。そして、その二つにもまして重要なのが、なんと「ぼんやり」なのである。

「外遊び」や「内遊び」で刺激を受けた脳は、その入力（経験値）を咀嚼（そしゃく）してセンスに変える必要がある。

脳内を整理する間、外界からいったん脳を遮断する。それが、眠りの正体である。眠りは、身体を休めると同時に、脳の進化の時間でもある。センスを作り出し、記憶を定着させる。受験生の母が邁進（まいしん）すべきは、いかに勉強させるかではなく、「短い持ち時間で、いかに効率よく寝せるか」である。

そして、起きている間にも、脳が必要性を感じたら、「外界から脳を遮断し、脳を進化させる」モードに入ることがある。それが、はたから見たら、「ぼんやり」に見える。

## ぼうっとしている子ほどいい学校に

小脳の成長著しい8歳までの男の子は、このぼんやり時間が頻繁（ひんぱん）に訪れるのである。

保育園の先生たちも、口を揃えて同じことをおっしゃる。「散歩よ、と声をかけると、女の子は2歳児でもさっさと帽子をかぶって歩き出す。男の子は6歳児でも、運動靴を片方はいただけでぼうっとしているような子が必ずいる。ところが、そんな子ほどいい学校に行ったりするから面白い」と。

そのフリーズした時間、彼らの脳は活性化して、内なる世界観を充実させているのだろう。

## 「外界から脳を遮断し、脳を進化させる」モード！

母も惚れるいい男を育てる秘訣14

# 苦しまずに「忍耐力」を身につける方法

## 「ものがたり」は忍耐力をもたらす

さて、母親の感じるままに、息子を育てる……となれば、不安になるのではないかしら。タフな忍耐力はどこで鍛えればいいの？　ちゃんとしつけないと世間知らずにしてしまうのでは？　たしかに、人生には暗黒面もある。そこで私は、幾多の「冒険ファンタジー」を与えた。本、映画、ゲームもしかり。

〝楽する子育て〟には、「ものがたり」のアシストが不可欠だ。ものがたりは、苦しまずに脳に忍耐力をもたらし、使命感を誘発する、ありがたいアイテムなのである。特に、男の子には、9歳から12歳までの冒険ファンタジーは必須である。

## 脳のゴールデンエイジ

9歳の誕生日から12歳の誕生日までの3年間は、脳のゴールデンエイジと呼ばれている。脳が神経線維ネットワークを劇的に増やすときだからだ。脳の神経線維ネットワークは、「頭の良さ」「運動神経の良さ」「芸術センス、コミュニケーションセンス、戦略センスなど、あらゆるセンスの良さ」の源である。

脳の神経線維ネットワークは、眠っている間に、起きている間の経験をもとに作られる。したがって、人生のこの時期。大切なのは「体験」と「眠り」。その体験のほうは、日常生活だけではたかが知れている。しかし、ファンタジーの扉を開けたら、あらゆる不幸と挫折とそれを乗り越える知恵と勇気が、そこには満ち溢れているのである。

つまり、読書は、「脳に与える体験」である。読書をする子は、脳への入力が何倍にもなる。子どもを持ったら、読書好きにすることは、脳育ての大事な定石だ。

## 冒険ファンタジーを読めば、「使命」や「忍耐」の尊さを知ることができる！

**Point 忍耐力を与えてくれる！オススメの冒険ファンタジー**

・『ハリー・ポッター』シリーズ（J.K.ローリング著、松岡佑子訳／静山社）
・『バーティミアス』シリーズ（ジョナサン・ストラウド著、金原瑞人、松山美保訳／静山社）

母も惚れるいい男を育てる秘訣15

# 8歳までは読み聞かせを

## 刷り込みこそが絵本の役割

本好きへの道は、残念ながら、一朝一夕ではままならない。赤ちゃんのときから始まる。まずは、絵本に出逢わせることだ。

本を読むという行為は、結構面倒くさくて、かったるい。読書好きの人だって、読み始めが億劫で、しばし苦痛になることがあるくらいだ。しかし、本は面白いと本能的に信じているから、読み進められるのである。

そうなるためには、人生の早い時期に、脳に「本を読むのは面白い」という刷り込みをしておくことが大切だ。その刷り込みこそが、絵本の役割である。ページをめくると、思いもよらない世界が広がることを知らせて、潜在意識に埋め込むこと。

絵本の読み聞かせは、おとなの想像する何百倍も、子どもたちの脳を刺激するエンターテインメントだ。本を楽しむことの原点であり、コミュニケーションの基礎力にも関与する。

## 「読み聞かせ」はいつまで?

8歳の言語機能完成期を過ぎれば、文字を見ただけで、発音体感に完全変換できるようになる。読み聞かせをしてもらわなくても、音読をしなくても、文字情報から、直接「リアル」を作り出す能力が完成するのである。

逆に言えば、それまでは、読書にリアルが足りない。そのため、小学校低学年では、国語の時間に音読をさせるのである。あれは、脳科学上、かなり大事なカリキュラムなのだ。

というわけで、自分で音読できるようになるまでは、読み聞かせをしてあげてほしい。8歳前後になってくると、子どもが自然に音読を疎(うと)ましがるようになる。それが、「読書リアル力」が完成した合図である。

Q.
赤ちゃんの脳にいい絵本とは？

A.
絵が比較的簡単で、「にこにこ」「ざぶざぶ」「ぎゅっ」などの、発音して楽しい短いことばが添えられているもの。実は、「ことばの感性」＝語感は、発音の体感が作り出します。たとえば、母鳥がひよこを抱きしめる絵に添えられた「ぎゅっ」ということばを母親が発音してやると、赤ちゃんは抱きしめられたかのように感じるはずです。

母も惚れるいい男を育てる秘訣16

# 眠りは、勉強よりも優先したい

## 適正睡眠時間には個人差がある

脳が発達しているとき、脳は「眠り」を希求している。子どもは、総じて眠たがりだし、子ども脳からおとな脳への変化期に当たる13〜15歳もまた、ひたすら眠い。

眠いときは、眠らせてあげればいい。それが、脳が望んでいることだからだ。

私自身は、息子の脳のゴールデンエイジ（9〜12歳）に読書と睡眠を優先するため、中学受験は考えなかった。加えて言えば、小脳の発達期（〜8歳）に遊びと「ぼんやり」を優先するために、小学校お受験も念頭になかった。中学生時代も、本当によく眠らせた。

ただし、適正睡眠時間に関しては、個人差が大きいと言われる。小学生でも7時間で済む子もいれば、おとなでも8時間以上欲する人もいるという。それぞれの脳にとっての適正時間は、自ら見つけなければならない。しかるに、寝ないで勉強しても、それが身につく人もいるだろう。そもそも「寝ないで勉強できる」のなら、脳はかなり「眠らないでいられる」ことにタフだと思う。なので、「お受験させたのは失敗？」と思わなくていい。

## 成績と身長が伸び悩んだら？

しかし、中学生男子の成績と身長が伸び悩んだら、睡眠が足りているかどうかを、しっかり考えたほうがいい。注意すべきは、22時以降の携帯端末の凝視と、寝る前の甘いもの。電子画面は目への刺激が強く、見終えた後もしばらく視覚神経を緊張させている。このため、寝にくくなってしまうのである。風呂上がりのアイス、美味しいとは思うけど、眠る前に血糖値を上げて脳を興奮させてしまうと眠りの質が悪くなる。「朝、ゾンビのよう」なら、この二つの生活習慣を見直してみてほしい。

**Point 脳を発達させる「睡眠」のための注意事項**

①22時以降の携帯端末の凝視
②寝る前の甘いもの

脳が発達しているとき、脳は「眠り」を希求している

part3

# 「愛」の育て方

男子の脳の「男性脳型」が加速するのは、男性ホルモン・テストステロンの分泌量がいきなり増える思春期だ。14歳を過ぎると、男性脳型の問題解決優先の対話スタイルに特化してしまう。それまでは、共感型の優しい会話も自然にできるのに。ということは、思春期までに、女性脳型の共感型の対話をマスターさせておけばいいってことだ。生涯、優しい息子でいてくれるし、将来、女性とのコミュニケーションに苦労しない。この章では、息子を愛ある男に育てるための方法について述べる。

**次の項目に当てはまるお母さんは、part3をチェック！**

- ☑ 息子から優しいことばをもらいたい
- □ 息子の抱き癖がつかないか心配
- □ 息子を塾に通わせようか迷っている
- □ 息子をあまり叱りたくない
- □ 息子を凛々しい男に育てたい
- □ 息子の成績をあげたい
- □ 完璧な母親でないといけないというプレッシャーがある
- □ 反抗期になった息子が他人になってしまったようで寂しい

# 「優しいことば」を入力して

## ヒトの脳は人工知能と一緒

この国の母と子は、あまり愛を口にしない。

子は、なぜ、愛を口にしないのだろう。

もちろん、親が口にしないからである。

私は、そこを改革した。

二人の間に漂っていてほしいことばを溢れるほど与えて、彼を育ててみたのである。

ヒトの脳は、人工知能と一緒（ほんとは逆、人工知能がヒトの脳を模しているんだけどね）。「優しいことば」なんて、入力しなければ、出て来やしない。

私は、息子が生まれてきたその日から、「あなたが好きよ。愛してる」と伝え続けている。その結果、息子はさまざまにかたちを変えて、優しいことばをくれる。

## 「ハハが痛いのは、手じゃなくて心なんだよ」

手をぶつけて痛がれば、必ず「大丈夫？」と声をかけてくれる。痛い手を差し出せば、さすってくれる。夫が「たいしたことないのに、よくそんな、見え透いたことが言えるよな」と言ったときなんか、「ハハが痛いのは、手じゃなくて心なんだよ」と言ってくれたっけ。

私も、同じことをしてきた。彼が転べば、飛んで行って抱き上げた。足の痛みより、転んだショックを和らげてあげたくて。子どもが痛いのは、身体より心だと、私は思っていたから。それを口に出さないのに、息子は知っていたのである。

母も惚れる
いい男を
育てる
秘訣
18

# 愛も貯金してあげなきゃいけない

## 「駆けつける母」でいたい

息子が新生児のとき、彼が泣けば、私は、電光石火でベッドに駆けつけた。先輩ママたちは、「落ち着いたら？　多少泣かせたほうが、肺が鍛えられるわよ」と言ってくれたが、私は、「不安」を訴えたら「駆けつける母」でいてあげたかった。それが二人の間に信頼関係を築くと信じていたので。

だって、考えてもみて。つい最近まで、暗く柔らかい胎内で、ぬくぬくと眠っていたのである。地球に降り立って、ほんのわずかな時間しか経っていない。風の音ひとつ、雲の影ひとつ、明るさと広さまでもが彼を不安にさせるに違いない。泣

お金も愛も、よく似ている

くたびに、母が傍（そば）にいることを、何も心配しなくていいことを、知らせてやりたかった。

今でもまだ「抱き癖がつくから、すぐ抱いちゃダメ」という教えは残っているのだろうか。昔は、みんなそれを言った。なにそれ、と私は思った。放っておけば、抱いてもらいたがらなくなるというのは、不信に基づくあきらめでしょう？　愛しい息子が「泣いてもなにもしてもらえないんだ」と、人生最初のあきらめをして行くのは耐えられなかった。だから、即効で駆けつけて、抱き上げた。

人それぞれ育児の優先順位は違っていい。だから、それはそれでいいと思うけど、将来、こっちが痛がっても、きっと駆けつけてはくれない。優しさは、優しさに返される。それだけは、覚えておいたほうがいい。お金も愛も、よく似ている。どちらも、手に入れないと使えない。教育資金を貯金するように、愛も貯金してあげなきゃいけないのである。

どちらも手に入れないと使えない

母も惚れるいい男を育てる秘訣

19

# エリートに育てる必要は一切ない！

浮世離れした、おっとりオーラが彼のトレードマーク。もちろん見た目だけじゃなかった。

クラスメートの多くがお受験で過熱した小学校6年生のときには、他のお子さんのママから「クロちゃんを見てるとほっとするわぁ。これでも生きてていいんだなぁと思えて」と、しみじみと言われたりした。

## うちの息子じゃなくても……

逆に、私は、子どもをエリートに育てようとするママたちの気持ちが皆目わからなかった。国際的に活躍する実業家や外交官なんかになっちゃったら、傍にはいてくれない。愛しい息子を遠く手放すために、せっせと塾に通わせるなんて……な

## これでも、生きてていい

世間の評価軸を使えば、息子は、ざっと以下のような子どもであった。朝さっさと支度（したく）ができない、宿題ができない（宿題が出ていることさえ認知していない）、おけいこ事に興味を示さない、成績はあまりよくない（頭は悪くないと思うのだが、遅刻と宿題忘れで減点されてくるので、本当の実力がよくわからなかった）、かけっこはたいてい最下位（目標物があれば誰よりも速いのに、ただ走るのはまったく不熱心なのである）、お片付けができない、マイペースを変えられない、たらたら歩く。「ある日、普通に学校に行ったのに、着いたら2時間目だった」みたいな小学生だった。

ぜ？　もちろん、そういう人材は、この世に必要である。けど、なにも、うちの息子じゃなくたって……本人がどうしてもなりたいのならしかたないけど。そんな気持ちで子育てをしている私には、子どもを立派に育てようとするママ友たちが眩しいばかりだった。

## 浮世離れした、おっとりオーラがトレードマーク

母も惚れるいい男を育てる

秘訣20

# ここぞと言うときの「男としてカッコ悪い」

### 母も惚れるいい男

母も惚れるいい男。これが、私の息子育てのキャッチフレーズである。「母も惚れるいい男」という子育てテーマには、息子をあまり叱らないですむという利点もあった。「男としてカッコ悪い」と言えば、たいていのことは済んでしまったからだ。たとえば、保育園のお友だちを家に呼んで、一緒に遊んだとき。最初、一人っ子の彼は、自分のおもちゃを貸すのに躊躇していた。私は、「それ、男としてカッコ悪いよ」と声をかけた。息子は、「お、すまない」と言って（江戸っ子のおじいちゃんの真似）、おもちゃを差し出してくれた。

おかげで、「○○しなさい」というセリフをほとんど言わずに、彼を育てることができた。命令形を使うと、支配関係になり、やがて、子どもが育って能力が拮抗してくると、反抗されたあげく、あっさり親離れされてしまう。だから私は、極力命令形を使わないのである。「食べなさい」ではなく「からだにいいのよ、食べてみて」。そして、ここぞと言うときには、「男として、カッコ悪い」を使う。

### 「カッコイイから、○○して」

反対に、「カッコイイから、○○して」も、けっこうな殺し文句だ。息子を叱るのに、世間を引き合いに出す親は多い。「お店の人に叱られるから、静かにして」これって、カッコ悪くない？「静かにしてて。そのほうがカッコいいから」のほうが、親自身がカッコよく見える。それに、母親に「カッコイイ」「カッコ悪い」を判定されたら、ぐうの音も出ない。なにせ、母親は、「世界観の座標軸原点」だから。世間にダメと言われても、1発攻撃されたにすぎないが、母親のダメ出しは、世界観が揺らいでしまうのである。

**Point 「〇〇しなさい」と言わないようにしよう**

- 食べなさい→ からだにいいのよ、食べてみて
- 早く、お風呂に入りなさい→ お風呂、沸いたわよ。先に入ってくれる？
- 宿題しなさい→ 宿題、大丈夫？

それ、男として カッコ悪いよ

母も惚れるいい男を育てる秘訣

# 21

# 頼りにする、というスゴ技

## 脳はインタラクティブマシン

いっそ、頼りにしてしまうという手もある。

公園で遊びに夢中になって、ジャングルジムから降りようとしない息子にも、「帰るわよ、早く降りてきなさい」とは言わない。「そろそろ、帰らないと、ママ、カレー作る時間が無くなっちゃう。どうしよう」と困惑して見せると、命令にはなかなか従わない子も、「わかった、帰ろう」と言ってくれることが多い。

脳はインタラクティブ（相互作用）マシン。他者との関係性を常に測っている。ことばは、その関係性をくるりと変えるアイテムだ。

**頼られた側の脳は、自然に、その場のリーダーになってしまうのである。リーダーは、自制して、全体を考えなければいけない。親子関係であっても、この効果は免れない。しかも、客観性優位の男性脳は、幼くても、この機能を発揮しやすいのである。**

## 兄弟げんかも頼って解決！

兄弟げんかを収めるときに、つい、兄のほうに「お兄ちゃんなんだから、我慢しなさい」と言ってしまいがち。たとえば、兄のおもちゃを欲しがって泣く弟に、おもちゃを貸すように強要したり。しかし、兄にとっては理不尽もいいとこ。その場は収まっても、兄の側にストレスがたまるので、兄弟仲は、さらに悪くなる可能性が高い。

けれど、そんなとき、母親が心底困惑して、「どうしたら、それが、お兄ちゃんの大切なものだって、わかってくれるかしら」と言ってみたらどうだろう。「お兄ちゃん、どう思う？」と。「ちょっと、貸してやるよ」とか、兄側から、提案が出てくるかもしれない。頼られれば、頼られるほど、男の子は凛々しく、賢く、たくましくなっていく。

**Point 男性脳**

客観性優先なので、頼られるとその場のリーダーになり、自制して、全体を考えるようになりやすい。

母も惚れるいい男を育てる秘訣22

# 「夫を立てれば、息子の成績があがる」法則

## 序列にデリケートな男性脳

兄弟を育てる際は、序列を大事にすると、スムーズにいく。兄弟が揃っている場面では、長男、次男、三男の順に頼りにする（ただし、誰かの得意分野については、その限りではない。その本人に最初に聞いていい）。男性脳は空間認知優先で、「距離」や「位置」に鋭敏だ。この癖は概念空間でも同様で、人間同士の位置関係（序列）にもデリケートなのである。だから、男たちは、肩書を気にするし、肩書の上の者を差し置いてものを言うことができない。幼い男性脳でも一緒だ。序列が今日と明日で違うことに混乱して、神経がやられてしまう。兄弟が、序列の中に納まっていれば、

男性脳は安心する。次男は、二番目という場所で、かえってストレスがないのである。

## 人生最初のロールモデル

そして、その序列の最高位に君臨するのが、息子たちの父親、すなわち夫である。男性脳はロールモデルによって成長していく性質があるのだ。世界で最初に認知するおとなの男性＝父親は、自然に人生最初のロールモデルになっていることが多い。このロールモデル（お手本にして人生の目標）が、妻にないがしろにされていたら、息子たちのモチベーションは劇的に下がってしまう。

逆に、人生最初の女神（母親）が、ロールモデルを尊重していたら、「がんばって、あの場所に行きたい」と思えるでしょう？

というわけで、空間認知優先の男性脳の学習意欲を掻き立てようと思ったら、夫を立てること。

母も惚れるいい男を育てる秘訣23

# 家の相談をすれば、心の家長にさえなってくれる

## 些細なことも相談しよう

家の相談に乗ってもらうと、息子は心の家長にさえ、なってくれる。「墓参りに行かなくちゃ。一緒に行ってくれる?」と、お願いして一緒にやってもらう。「ふすまの張替え、どうしよう」と、些細（ささい）なことも相談する。息子が幼いうちは、答えなんて返ってこないから、独り言と同じようなものだけど、私は、赤ちゃんのときから、そうしてきた。

母親に頼りにされて育った我が家の息子は、家族のことを常に心配してくれている。小学校5年生のときには、夫婦して「うちは家族とは言えない。一緒にごはんを食べないのは、ダメだと思う」と説教を食らった。私が、朝忙しすぎて、立ったままごはんを食べるのと、夫の帰宅が遅いのとで、3人で食卓を囲む食事がなかったからだ。そこで、何があっても、朝ごはんは一緒に食べるというルールが出来上がった。そのころから今に至るまで、家族をよりよくするための提案は、ほとんどが彼から提案され、彼が推進してくれる。仏壇を買い替えるときも、夫婦して決められず、大学生の息子に相談したら、一発で3人が納得する仏壇を選び出してくれたっけ。

## 「男性脳」育ての大いなる秘訣

そう考えてみると、昔の母親が、男の子をことさら立てて、尊重して育てたのは、「男性脳」育

ての大いなる秘訣だったのかもしれない。細かいことで言えば、眉を顰(ひそ)めたくなるような男尊女卑もたしかにある。そんな男女差別は、即刻、禁忌とすべきだけど、脳の育ちからすれば、多少の「男を立てる」を残したほうが、得策じゃないだろうか。

**Point**

**母親は、完璧でないほうがいい**

母親は完璧なおとなとして、君臨するより、不安や困惑を素直に見せてやったらいいのである。思い通りに行かないときは、パニックになってもいい。

## 息子が心の家長に

母も惚れるいい男を育てる秘訣24

# 降るほどの愛は、すぐに返ってくる!?

息子は両手を広げたまま、走って「大きさ」を稼ごうとする。私も負けずに横っ飛びする。4歳児には、追い越せない。

## 地球まるごとの愛

そんなある日、保育園から帰りついた息子が、両手の甲を合わせて「ゆうちゃんは、こ〜んなにママが好き」と言ったのである。「なにそれ?」と聞いたら、「この間に、地球が入ってんの」。

彼は保育園の絵本か紙芝居で、地球が丸いことを知ったらしい。手の甲を合わせて、両手のひらを外に向けたら、その間に地球一周分が入る

## 息子の愛を手に入れる3か条

——愛のことばを、降るほどあげる。

——命令形を使わない。

——なにかと頼りにする。

考えてみれば、たったこれだけで、生涯にわたって、愛情溢れる、息子との対話が手に入るのである。

やってみない手はないでしょう?

降るほどの愛は、けっこうすぐに返ってくる。

息子が4歳か5歳くらいのとき。私たちの間で、愛の大きさを競い合う幾晩かがあった。「ゆうちゃんはね、こ〜んなにママが好き」と両手を広げた息子の前で、「ママは、こんなにゆうちゃんが好き」と、私が両手を広げる。当然、4歳児が勝てるわけがない。

……！　一瞬で、地球を手に入れてしまった彼に、勝てるすべはない。私は今でも、そのときの、彼の小さな手を思い出せる。

そんな地球まるごとの愛を、私はそれまでの人生でもらったことがないし、おそらくこれから死ぬまでないと思う。

**Q.**

反抗期の息子からも
愛は返ってきますか？

**A.**

男の子は、14歳あたりからテストステロンの嵐に見舞われ、いきなり「男性脳型」にスイッチします。テストステロンは、縄張り意識や闘争心も掻き立てるので、「勝手に部屋に入った」「余計なこと言うな」と大騒ぎされることもあるかもしれません。しかし、それもこれも18歳までには落ち着くはずです。ひととき他人のようになってしまっても、息子は、絶対に帰ってくる。心配しないで、「これも成長の一環」として、見守りましょう。

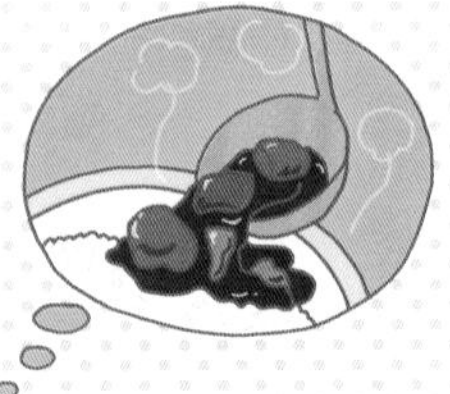

# part 4
# 「やる気」の育て方

やる気がない。これは、人生最大の損失である。この「やる気」、実は男性と女性では、発揮するシチュエーションが違うのである。狩り仕様の男性脳と、子育て仕様の女性脳は、がんばりどころがまったく違うためだ。このため、母親の思いもよらないところに、男子のやる気スイッチがある。母親の「やる気喚起」が案外、逆効果になっていることも。この章では、そのあたりを話そう。

**次の項目に当てはまるお母さんは、part4をチェック！**

- ☑ 好奇心の溢れる息子にしたい
- □ 最近、息子がキレやすい
- □ イヤイヤ期の息子に困っている
- □ 息子の質問攻めが大変
- □ 授業の予習をしない息子が心配
- □ 息子のことになると心配しすぎてしまう
- □ 息子が失敗したときの対処法を知りたい

母も惚れる いい男を 育てる 秘訣25

# 溢れる好奇心のある男子でいられる3条件とは？

## 栄養がなければ脳は動けない

やる気、好奇心、集中力、思考力、想像力、記憶力……これらは、すべて、脳内では電気信号（神経信号）にしかすぎない。その電気エネルギーの源は、「糖」である。糖は、血糖として、消化器官から脳に届けられる。神経信号は、長い神経線維を通っていくので（ときには数十センチに及ぶ）、途中で減退してしまう（弱ってしまう）。この信号減衰を防ぐために、神経線維には、〝絶縁カバー〟のようなものが付いている。ミエリン鞘と呼ばれるこのカバーは、「コレステロール」製だ。さらに、神経信号は脳内ホルモンによって制御されている。セロトニンやドーパミンというホルモンが、やる気信号を下支えする。ドーパミンは好奇心信号も誘発する。ノルアドレナリンは、「余分な信号」を止めて、集中力を作り出す。脳内ホルモンの材料は、なんといっても「ビタミンB」群、そして「動物性たんぱく質由来のアミノ酸」、「葉酸」。ちなみに、ビタミンB1は、ナトリウム依存で血中を移動するため、運び屋「ミネラル」も無視できない。

育て方云々の前に、栄養が足りてなければ、脳は正常に動けないってことだ。

## 栄養の3条件

**①脳のエネルギー（血糖）が安定して供給されていること。つまり、血糖値が低すぎないこと。**

②信号が無駄に減衰しないこと。つまり、コレステロール値が低すぎないこと。

③脳内ホルモンが、しっかり出ていること。ビタミン、たんぱく質がバランスよく摂取できていること。

この3条件が揃っていれば、多少ぞんざいな育て方をしても「溢れる好奇心と、萎（な）えない意欲と、思いやり」のある男子でいられる。

**栄養の3条件を満たせば、「溢れる好奇心と、萎えない意欲と、思いやり」のある男子でいられる**

**脳育てに便利な完全食「卵」**

コレステロール、動物性アミノ酸、ビタミンB群すべてが取り揃う。身長がぐんぐん伸びる中高生のころには、一日2個でも3個でも、好きなだけ食べさせてあげたい。

母も惚れる いい男を 育てる 秘訣 26

# 甘い朝食は、人生を奪う

## キレやすくなる理由

脳の活動のすべては、化学的な電気信号で行われている、この脳神経信号のエネルギーは血糖だ。糖が届かなければ、脳は動かないのである。最低、空腹でも食後でも、血糖値80はキープしてほしいところ。血糖値が下がると、身体が危険だと判断して、血糖値を上げるホルモンを連打してくる。**アドレナリンをはじめとする血糖値を上げるホルモンは、「気持ちを尖らせる」傾向が強い。よって、キレやすくなるのである。**

**この厄介な低血糖、実は、「空腹に甘いものを食べた」せいで起こるって知っていましたか?**

空腹時、いきなり糖質の食べ物を口に入れると、血糖値は跳ね上がる。跳ね上がった血糖値を下げようとして、インシュリンが過剰分泌して、一気に下げてしまう。「空腹に甘いものを食べる」と、なんと低血糖になってしまうのである。これを繰り返したことで起こるのが低血糖症だ。食べた直後は元気なのだが、やがて意識混濁に近いまでに血糖値が下がってしまう。やる気も好奇心も集中力も、起こす余裕がない。不登校児の多くが低血糖症だと警告する栄養学の専門家もいる。

## 朝食は要注意!?

朝食は、最も飢餓状態で摂る食事なので、どの食事よりも気をつけてほしい。血糖値を跳ね上げるのは、白く柔らかいパン、スイーツ、甘い果物

など。パンケーキ、あんパンにジュースなんていう朝食では、あっという間に低血糖に陥ってしまう。

**朝食は、サラダや野菜の味噌汁、たんぱく質（卵、ハム、焼き魚、納豆など）、そしてごはんかパンなど、栄養素を満遍（まんべん）なく、が理想的。**時間がないときは、せめて、卵かけごはんにして。

**こんな子は「甘い朝食」を見直したほうがいいかも！**

- 成績が振るわない
- キレやすい

# 「脳の実験」はスルーしよう

## イヤイヤ期の突入

「やる気」の萌芽は、2歳のイヤイヤ期にある。ティッシュをボックスから、延々と引き出す。障子を破る。拾った石を口に入れる。ダメと言われれば嬉々として繰り返し、「やりなさい」には「イヤ」と反抗する。

昔は、これを第一次反抗期と呼んでいた。**私は、反抗期ということばが大嫌いだ。なぜなら、あれは、大いなる実験だからだ。脳が、その本能であるインタラクティブ（相互作用）性に目覚めたのだ。**自分のしたことが、周りに何らかの影響を与える。静物ならかたちを変えたり、動いたりする。人間や動物なら、なんらか反応を示す。脳は、その相互作用によって、周囲がどんな環境かを認識できる。それが脳のインタラクティブ性である。

## 脳の実験期

たとえば、閉じられた空間で声を発したら、その声が壁で跳ね返ってくる。その反響のようすで、私たちは、空間の広さや、自分の立ち位置を知る。声の大きさや向きを変えれば、反響のようすも変わる。**私たちは経験を重ねて、自分の出力（声）を調整したり、入力値（反響音）解析のシステムを脳に構築していくのである。**

母親がうんざりするあれ、やってほしくないことを繰り返すイヤイヤ期は、脳の「実験期」なのだ。その実験を阻止して、好奇心を萎えさせておいて、将来、勉強に夢中になれ、と言っても無理なのでは？

2歳の実験期に湧き上がった好奇心と実験欲を、好意的にスルーしてもらうこと。これが、「やる気」育ての第一歩だと思う。好奇心のままに、行動を起こしていいんだよ、と、脳に刷り込みをしてあげよう。

## 脳の「実験期」＝イヤイヤ期

2～4歳のころ、比較的受け身だった赤ちゃんが、能動的に、自分と周囲の関係性を構築していくとき。

**「やる気」を育てるには？**

実験期に湧き上がった好奇心と実験欲は、好意的にスルーしてあげる！

イヤイヤ期は
脳の「実験期」

母も惚れるいい男を育てる秘訣28

# 「気づき」に出逢うまで待つ

## あなたはどう思う？

4歳くらいになると、「これ何？」「なんで？」と質問攻めをしてくることがある。実験期の後に訪れる「質問期」である。この時期の質問には、やはり、できるだけ応えてやりたいものである。**特に、「自らしゃべること」が苦手な男性脳は、やっとの思いで紡ぎ出した質問を拒絶されたら、ショックが大きい。**答えられなくてもいい、応えてあげてほしい。受け止めて、疑問に共感してやってほしいのだ。

時間があれば、「あなたはどう思う？」と聞いてみるのも面白い。我が家の息子が、絵本の虹を見ながら、「虹はなぜ7色なの？」と尋ねてきたとき、私は「あなたはどう思う？」と聞いてみた。すると彼は、「おいらはねえ、神様に7つのものの見方があるからだと思うんだ」と、にっこり笑った。

**結果の出ない堂々巡りであれ、（左ページの「Point」参照）好奇心に導かれて、考察を重ねることは、子どもの脳にとっては、戦略思考育成のチャンスでもある。あくまでも、好奇心に導かれて楽しく、がセンス向上の基本。**課題を与えられてしぶしぶ、では脳の進化は緩慢になってしまう。

## 始まりは「気づき」の力から

「脳育」と称して、脳が好奇心を感じる前に、次々にアイテムを与えて刺激する幼児教育もあるようだが、私は、あまり賛成できない。アイテムそのものは、よくできていると思うが、周囲のさりげない風景の中から「本人の脳が、はっと気づいて注視する。質問を作り出す」が、やはり一番だからだ。おとなになって、事業開発しようと思ったら、「気づき」の力がなければ何も始まらない。思考力は、気づきの後に必要になるものだ。

**Point**

### 堂々巡りでも思考力は育まれる

息子「シマウマは、なんでしましまなの？」
母「あなたはどう思う？」
息子「しまが好きだから～」
母「たしかにね、シマウマのメスは、しましまが好きで、しまがはっきりしたオスがモテるのかもね。そして、しまのはっきりした子が生まれる。進化の摂理よね。けど、なんで、シマウマのメスは、しましまが好きなんだろう？」
息子「カッコイイから～」
母「だからぁ、何でカッコイイと思うんだろう？」
息子「しまだから～」

母も惚れるいい男を育てる秘訣29

# 無理して予習をしないで

## 教室で退屈しない方法

小学校に入学するときも、数と文字もほとんど教えずに、学校に入れた。だって、小学校で習うことをあらかじめ知っていたら、教室で退屈するでしょう? **学校は、知っていることを再確認したり、先に知っていることをひけらかしたりする場所じゃないもの。**

小学校1年の担任の先生が、ある日、こんなことをおっしゃった。

「算数の時間の終わりに、この計算問題を解いたら休み時間にしていいよ、と言うと、他の子はみな、さっさと済まして校庭に出ていきます。けれど、黒川君は、楽しそうに、ひとつひとつ時間を

かけて解いていく。ああこう来たか、なんて言いながら。休み時間が終わってしまい、次の時間の冒頭に、トイレ！　と言って、走って出ていくこともあって」私はぷぷっと噴き出してしまった。先生も笑顔で「急かしてあげたほうがいいか、そのままにしてあげたほうがいいか、お母さんに相談してみようと思って」とおっしゃる。素敵な先生だなぁと思った。当然、「そのままにしてやってください」と頼んだ。

## 心の保険として

23年前の小学校と、今は事情が違うのかもしれない。数字も文字も知っていて入学するのが当たり前で、学校の先生がそれを大前提に授業を進めるのが今の小学校なら、残念ながら、私たちのやり方は踏襲できない。だとしたら無理をしないで。でもまぁ、こういう見方があるということを覚えておいてほしい。ここまでのんびりでも大丈夫っていう心の保険として。

母も惚れるいい男を育てる秘訣30

# 男性脳は、志を持つと生きるのが楽になる

## 二宮金次郎像のあったワケ

男の子には、「ゴール設定か、ロールモデル（目標となる人物）がいる。昔の小学校に、二宮金次郎像があったのは、このためだ。あるいは、ときに街角に英雄の像があるのも。「ああいう立派な人間になる」というのも、男性脳たちを安心させる目標設定のひとつだからだ。

ちなみに、女性脳はプロセスを無邪気に楽しめる。今の目の前のこと、「テスト」「遠足」「運動会」に夢中になっているうちに、時が過ぎる。好きな男の子に会いに行くというモチベーションだけでも、十分に学校に通いきれる。**だからつい、「ずっと先の目標」という目線を息子にあげるのを忘れてしまいがちなのだが、ここは、息子の母親たるもの、ぼんやりしていてはいけない。なぜなら、男性脳は、目標が遠く高いほど、今を楽に過ごせるからだ。**「大谷翔平のようなすごい野球選手になる」という遠く高い目標（志）があるから、今日の千本ノックに耐えられるのである。

## 近いゴールはNG

**男性脳は、ゴールだと思っていた場所がゴールじゃなかったとき、モチベーションがだだ下がりする。近いゴールだと、乗り越える度にモチベーションが落ちることになる。だから、ゴールは遠くないといけないのだ。**女の子なら、バラをつんだ後、あらチューリップもあるのね、という感じ

で、「今」を重ねて、先へ進めるのに。
男性脳は、大局を失うと、闇に落ちる。生きる気力さえ失うことがある。そんなとき、母の憧れが、息子を牽引する。カッコいい男性像を妄想して、そうなってほしいと無邪気に期待してあげよう。

男性脳は、目標が遠く高いほど、今を楽に過ごせる！

**男性脳**
ゴール設定かロールモデル（目標となる人物）がいる。

**女性脳**
プロセスを無邪気に楽しめる。

母も惚れるいい男を育てる秘訣 31

# 母の恐怖はリミッターになってしまう

## 「行かないで」をこらえて

中学3年の春休み。息子は、半年も前から準備を重ねて、100kmほどの自転車旅行に出かけた。今の彼から思えば、何ともかわいらしい冒険旅行である。その日の明け方、私は、夢を見た。息子の自転車が、ダンプカーの後輪に巻き込まれる夢だった。私は、大声をあげて（あげたと思った）目を覚ました。外はまだ暗く、小雨が降っていた。

ふと見ると、リビングに灯り(あか)がついており、息子が準備体操なんかしている。私は、「行かないで」「雨だけど、行くの？」と叫びそうになるのを必死でこらえて、「雨だけど、行くの？」と聞いた。彼は、にっこり笑って、「これくらいが自転車日和(びより)だよ。脱水症にならなくていい」と答えた。

玄関を出ていく彼の背中を、私は今でもありありと思い出せる。そして今でも、心臓が張り裂けそうになる。私は、腕を背中で組んで、抱き止めようとする自分を必死で制した。

## みずみずしい冒険心

そのとき、私にはなぜか確信があったのだ。**優しい彼は、私が怖がって止めたら、きっと行くのをやめてくれるに違いない。けれど、その後もう二度と、冒険の旅には出ないだろう。母の恐怖がリミッターになってしまうから。このみずみずしい冒険心が失せてしまう。それは、たとえケガをしたとしても、男として失ってはいけない大事な**

**何かだ、と。**

彼を送り出した後、私は、玄関で体育座りをして、震えながら泣いた。大げさだとは思うけど、戦場に息子を送り出す母の気持ちを知った気がした。今日も、世界中でたくさんの母が、息子を送り出すのだろう。戦場へ、危険な現場へ。震える手を背中に隠して。

**女性脳**

子育てに失敗は許されないため、潜在的に失敗を恐れるように設定。

「失敗を恐れずに果敢に成長しなければならない男性脳」の最初のブレーキが、「失敗を恐れる母親」になってしまいがち。

母も惚れるいい男を育てる秘訣32

# 子どもが失敗したときの対処法

## 失敗は恐れる必要がない

人工知能には、学習機能がある。成功事例を要領よく取り揃えて学習させると、学習時間は短くてすむ。ときに失敗させて、回路にショックを与えると、しばし〝混乱〟して、学習時間は長くなる。しかし、戦略センスが格段に上がる。**失敗させない人工知能は、「定型業務」は確実にこなすが、「新しい事態への対応力」がいまいちだ。一方、失敗させた人工知能は、新しい道を拓（ひら）くことができる。**

当然、人間も同じである。

要領よく詰め込んで、さっさと偏差値を上げて、責務に邁進（まいしん）できるエリートを作り上げるという手もあるが、じっくり時間をかけて、失敗を許し、開拓者・開発者を育てるのも、また、賢母の道である。

## ○○してあげればよかった

では実際に、子どもが失敗したとき、どうしたらいいか、である。叱ったり、がっかりしないで、と言われると、どうしたらいいかわからないのでは？「私も、○○してあげればよかった」と声をかけるといい。たとえば、模擬試験の前の日、「寝る前にちゃんと用意して。必要なもの、確認してよ」と言ってるのに、朝になって、「たいへん、スリッパが要るんだって！」とか言ってきて、母親をあわてさせたとき。「だから、言ったでしょ！」と怒鳴りたくなるシーンだが、ここはあえて、「ママも、一緒にプリントを見てあげればよかったね」と言いつつ、スリッパを探しに走る。

**このことばは、失敗を共有することになるので、この瞬間、母は「胸の痛みを分かち合ってくれた人」になるのだ。この世に、胸の痛みを分かち合ってくれる母ほど、大切なものはないのでは？　失敗、しめたもの、である。**

# 「エスコート力」の育て方

男と生まれたからには、エスコートができなくては。世界では、エスコート術は、母親が仕込むことになっている。日本では、あまり教えない。というわけで、最後は、エスコート力の育て方である。

**次の項目に当てはまるお母さんは、part5をチェック！**

- ☑ 息子に共感型の会話を覚えさせたい
- ☐ 息子にエスコート力を身につけさせたい
- ☐ 世界に通用するエスコートマナーを息子に教えたい
- ☐ 息子を料理上手にさせたい
- ☐ 息子に習い事をさせようか迷っている
- ☐ ことばや表情を感情のままに垂れ流している
- ☐ 息子の前でイラつく姿を見せるのに罪悪感がある

# 「どうして？」を「どうしたの？」に変えよう

## 対話クラッシャー

日本の男子は共感型の会話が苦手だ。なぜなら、この国の母たちが、息子相手に共感型の対話をしていないから。特に、息子相手に5W1H型の質問をするのは要注意だ。

**5W1Hとは、Who（だれ）、When（いつ）、Where（どこで）、What（なにを）、Why（なぜ）、How（どのように、どう）で始まる質問のこと。5W1Hは、スペック確認の質問。ゴールを目指し、結論を急ぐ、ゴール指向問題解決型の王道を行く話法だ。**脳は緊張し、心は一切通わない。私は、いきなりの5W1Hを、対話クラッシャー（つぶし）と呼んでいる。威嚇（いかく）する気がなくても、威嚇したように聞こえるからだ。

## たかが、ことば、されど、ことば

「どうして、やらないの（できないの）？」の代わりに、「大丈夫？　どうしたの？」を使うといい。「どうして、宿題やらないの？」じゃなくて、「大丈夫？　立て続けに宿題忘れてるけど、どうしたの？」と尋ねるのだ。「どうして、宿題しないの？」は、息子の怠惰を責めているが、「大丈夫？　どうしたの？」は外部要因を疑っている。何とか工夫できないか、ともに善後策を測ろうとする優しさを伴っている。**「どうして、宿題しないの？」に、「忘れちゃうんだよ」と返されたら**

**腹が立つが、「大丈夫？　どうしちゃったの？」に「忘れちゃうんだよ」と返されたら、「忘れないようにするには、どうしたらいいだろうね」と建設的な対話に持ち込める。**

「どうして？」と「どうしたの？」、わずかに違う語尾が、母と子の明暗を分ける。たかが、ことば、されど、ことばである。

### 5W1H型の質問はNG

どうして、宿題やらないの？

大丈夫？　立て続けに宿題忘れてるけど、どうしたの？

母も惚れるいい男を育てる
秘訣34

# 心の対話の始め方

## いきなりの5W1HはNG

息子と、心の対話を交わすコツをお話ししよう。先ほども言ったように、まずは、「いきなりの5W1H」は家庭内では使用禁止としてほしい。ただし、「ケチャップはどこ?」というような質問者本人のアクションに直結する質問と、「どうして?」の代わりに用いられる「どうしたの? 大丈夫?」はその限りではない。

話しかけ方には、6つの方法がある。

1 褒める
「それ、いいね」「カッコいいじゃん」「そんなこともできるの」など恋人のように褒める。

2 ねぎらう
がんばった息子を、「よくやったわ」「がんばったね」などとねぎらう。

3 感謝する
「宅配便、受け取ってくれてありがとう」「お米、運んでくれたの! 助かる〜」など、してくれたことを感謝しよう。

4 自分が見たこと、感じたことを話す
自分に起こった、何でもない出来事をプレゼントすると、それが呼び水となって、相手が自分の気持ちを語り、心の対話が紡がれていくことがある。本当に何でもないことでいい。「あそこの土手の桜、もう蕾(つぼみ)が膨らんでいたよ」「今日はすごい雨だったね」とか。

5 頼りにする

「カレーの味、見てくれない？」「今日のお鍋、なに入れようか」などと、ちょこちょこ頼りにするのもいい。

6 弱音を吐く

母親だって、「つらいから、なぐさめて」「疲れたから、動けない」と言っていい。抱きしめてもらったり、絵本を読んでもらってもいいのである。

# 神聖な責務をあげてほしい

## 母という聖域

息子が5歳だったある日。私が、原稿が書けなくて、床に転がって悶々としていたら、息子が「大丈夫？」と飛んできてくれて、抱きしめて、背中をとんとんしてくれた。そうしたら、不思議なことに、エッセイが一本、すらすらと書けたのである。

笑顔で感謝したら、以来、それが彼の神聖な責務になった。「原稿が書けない」と言うと、儀式のように、飛んできて、抱きしめてくれるのだ。実は今でも。

さほどに、男子の使命感とは一途なものだ。うちの息子に限ったことじゃない。息子の友人たちの、お母様への思いや尽くし方だって、はたで見ていれば超半端ない。たぶん、自身の母親にはあまりことばでは表現していないとは思うけど。

**男の子には、心の中に「母」という聖域がある。そうとしか思えない。まぁ、そうだよね、なんたって、脳の仮想空間の最初の座標軸原点なのだから。**

## 「ことばのエスコート」力

男は「庇ってあげなければいけない人」をもつことは、エスコート魂を手に入れる必須条件でもある。

5歳のあの日から、息子にとって、母とは、「自分が抱きしめてあげないと原稿の書けない

人」になった。すると、他の場面でも、リーダーシップを発揮するのである。

複数の息子を持つ人は、それぞれの子に、神聖な責務をあげてほしい。**それは、母と息子をつなぐ心のフックであり、「ことばのエスコート」を身につけるトリガー（きっかけ）になる。やがて、その「ことばのエスコート」力は、彼の大切な女性を照らすことになる。**

**Point**

**男性がエスコート魂を手に入れる必須条件**

「庇ってあげなければいけない人」を持つこと。

# 世界に送り出す前に 教えたいマナー

## エスコートマナーの筆頭

**所作で行うエスコートマナーの筆頭は、「女性が座るまで、座らない」である。**１９９９年、私は、８歳の息子と一緒に、ヨーロッパ出張に出向いた。当時、私がプロデュースしていたヴィオラのソリストが、クロアチアの国家プロジェクトに呼ばれて、世にも美しい城塞都市ドゥブロブニクで演奏することになったのである。私は２週間も息子と離れていられなくて、彼を同行することにした。

私たちは、音楽関係者やその家族に会ったり、街を散策したりした。そこで見たのは、母親や祖母をエスコートする男の子たちだ。レストランやコンサート会場で、就学前の幼い男の子でも、けっして我先に座ったりしない。同行するすべての女性の着席を優しく見守ってから、納得したように座るのである。椅子を引くわけじゃない。ただ、見守っているだけ。大切なひとが無事に座ることを、そして座った椅子が快適であるかどうかを。

自然に、我が家の８歳児も、それを踏襲してくれた。

## 世界に送り出す前に

やがて、私は、その所作が、すべてのエスコートマナーに通じることを知った。そのポイントは、その日の彼女の靴やドレス、あるいは年齢によっても違うけど、おおむね、「座るとき」「立つとき」「ドアを開けるとき」「階段の下りはじめ」「階段の上りはじめ」に限られる。これに「エレベータに乗る女性を見守る（扉に気遣って、ボタンを押してやる）」と「飛行機の通路を譲る」「コートを着せてやる」の3つを加えれば、もう、世界中、どこへ行っても恥をかくことがない。

息子を世界に送り出す前に、教えてあげよう。

## 世界中、どこへ行っても恥をかくことがないエスコートマナーのポイント

①座るとき
②立つとき
③階段の下りはじめ
④階段の上りはじめ
⑤ドアを開けるとき
⑥エレベータに乗る女性を見守る
（扉に気遣って、ボタンを押してやる）
⑦飛行機の通路を譲る
⑧コートを着せてやる

# どうやって男子を料理上手にするか？

## プロの料理人に男性が多い理由

ここのところ、よく尋ねられるのが、「どうしたら、息子を料理上手にできますか？」である。

**実は、男性脳は、本来、料理が得意なはずである。高い空間認知力と運動能力によって、料理の所作をマスターしやすい。**

「美味しい」に敏感、すなわち「自分の好きな味」に明確に反応するのは女性のほうだが、「味を客観的に捉えて、比較評価する」ことに関しては、男性脳が勝る。プロの料理人に、圧倒的に男性が多いのは、そのせいじゃないかしら。

この違いがあるから、男子たちの褒め方は、いまいち腹立たしいのである。「なかなか、いいと思うよ」みたいに言うでしょ。誰が客観評価してくれって言った？「美味しい」「嬉しい」という主観のことばを、まず言ってほしいのに。こうして、男女の脳では、料理の捉え方が微妙に違うものの、どちらも料理上手になれる。

## 我が家のメインシェフは息子

実は、我が家のメインシェフは、息子である。

息子をシェフに仕立てると、一緒にキッチンに立てて楽しい。買い物戦略も二人で立てるので、会話も増えるし、ときには買い物にも誘ってもらえる。なにより、料理する人の工夫も苦労もわかっているので、「これ、仕込み、たいへんだったでしょ。美味しいよ！」と感謝のことばも具体的で、張り合いが出る。

さて、では、どうやって、男子を料理上手にするか。**これはもう、親が食べることや料理を楽しむ、に、尽きる。親が楽しそうに料理しているから、料理に手を出す。美味しそうに食べているから、食べる。**残念ながら、小手先の近道はないような気がする。

Point

**男子を料理上手にする極意**

親が食べることや料理を楽しむ！

## 「味を客観的に捉えて、比較評価する」ことが得意な男性脳

母も惚れるいい男を育てる秘訣38

# 自然に触れるセンスが深く脳に関わる

## 禁じられたピアノ

料理に限らず、子どもに何かさせようとしたら、親がまず楽しむことじゃないだろうか。ショパンコンクールで入賞したロシアのピアニストと話す機会があって、「どうしてピアニストになったの？」と尋ねたら、「両親が音楽家で、家に楽器が溢れていたから」と答えた。

彼は3人きょうだいの末っ子で、両親は、兄と姉に音楽の英才教育を施していたが、末っ子には楽器を教えることもなく、意図的に楽器から遠ざけたのだそうだ。一人くらいは音楽家じゃない道を、と考えたという。彼は、隠れてピアノの鍵盤をたたいて遊び、結局、家族の中で一番評価を受けた演奏家になった。

両親や兄姉が演奏を楽しむ姿が、僕を導いた、と彼は語った。**「押し付け教育」されず、「禁じられた」ことも大きかっただろう、と、私は思った。禁じられれば、かえって好奇心が増すのが人情だ。**「この扉（ふた）だけは開けちゃいけない」と言われて、開けて大ごとになるファンタジーが、この世にどれだけあるかしら？習い事のように強要されず、当たり前のように目の前にあるもの。禁じないにしても。それが、案外、子どもに渡してやれる最たる「才能」なのだと思う。

## 日常、何に触れていますか？

**自然に目に入り、触れて味わい、やがて好奇心**

**が溢れて、自らその一歩を踏み出したことに、脳は最大のセンスを発揮する。脳の機能構造から見れば、自明の理だ。**

習い事もいいけれど、日常、自然に触れるセンスのほうが深く脳に関わってくる。

――あなたの息子さんは、日常、何に触れていますか？

Point

**Q.**

脳が最大のセンスを発揮するのはいつ？

**A.**

自然に目に入り、触れて味わい、やがて好奇心が溢れて、自らその一歩を踏み出したときです。

子どもに何かさせようとしたら、親がまず楽しむことじゃないだろうか？

母も惚れるいい男を育てる秘訣39

# ことばと表情は感情のままに垂れ流さない

母親のことばと表情は、だから、誰よりも、子どもに責任がある。母になったら、ことばと表情は、感情のままに垂れ流してはいけない。学校から帰ってきた子を、穏やかな表情で迎えていますか？（働く母なら、自分が帰ったときに）

「情緒が安定していて、好奇心ややる気に溢れた、楽し気な表情」で迎えられた子は、その表情を自分の顔に移し取ってしまう。そして、表情通りの気持ちになってしまう。表情とは面白いもので、出力でもあり、入力でもある。

## 家が天国にも地獄にも変わる!?

**つまり、嬉しいから嬉しい表情になるわけだが、嬉しい表情をすると、脳内では、嬉しいときの神経信号が誘発される。**

（中略）

## 母であることの特別

生まれたての赤ちゃんは、誰の表情筋にも反応するが、母親のそれには、ことさら強く反応する。なぜならば、赤ちゃんは、お腹の中で、母親の筋肉の動きをつぶさに感じて10か月を過ごすからだ。**母親が微笑めば、表情筋に連動して、腹筋や横隔膜も柔らかく動く。ことばの発音はもっと劇的だ。肺のふくらみ、横隔膜の上下、腹筋の緊張。そして腹腔に響く声。だから、生まれてきてからも、母親の表情やことばに、強く共鳴反応を示すのである。**こと育児に関しては、父親と母親はイーブンじゃない。母親に圧倒的なアドバンテージがある。

経信号が誘発されるのだ。

「不満そうに愚痴を垂れ流す、暗い表情」や「イライラして、キレかかっている表情」で迎えられた子も、その表情通りの気持ちになってしまう。家が、天国にも地獄にも変わる。母親の表情ひとつで。

# イヤなことは全部気にしなくていい

## 喜怒哀楽が子の脳を導く

そりゃ、母親にだって、つらいときはある。イライラして、キレかかっていることなんか、誰だって日常茶飯事。母親に喜怒哀楽があること自体は、大事なことだ。怒りや悲しみでしか、子どもを導けないこともある。子の脳は、喜怒哀楽の落差で、感性の地図を書く。だから、「怒らない、ただ優しいだけのお母さん」は、それはそれでヤバいのだ。子どもの感性が欠落してしまうからね。

しかし、「いってらっしゃい」と「おかえりなさい」だけは、安定した柔和な顔でいてあげてほしい。**空間認知力が高い男性脳は、「点」をつなげて「線」や「面」に変える癖がある。**日に二回の「定番の優しい表情」さえあれば、途中がどうでも、「優しい母」だと思い込めるのである。「家に優しい母がいる」と思えば、外での多少の苦難にも耐えられる。はるか遠い未来、「母は本当に優しい人だったなぁ」と思い出すことになる。

## 母であることの責務

そして、母親の柔和な笑顔が、息子の柔和な表情を育てる。それこそが、男の最強のエスコート力である。人生を変える表情もまた、男たちは母からもらう。母であることの責務。一日二回、女優になること。だから、母である人には、幸せであってほしい。自分を肯定していてもらいたい。

**この本では、耳の痛いことをたくさん言ったけ**

**ど、イヤなことは全部気にしなくていい。**いいと思ったことだけ、心に残してくれたら十分だ。だって、母である人の人生を1ミリも否定したくないから。

母が人生を謳歌(おうか)していれば、息子はそれなりに魅力的に育つ。大丈夫、大丈夫。

母が人生を謳歌していれば、
息子はそれなりに魅力的に育つ

**黒川伊保子**
くろかわ・いほこ

脳科学・人工知能(AI)研究者。1959年、長野県生まれ。奈良女子大学理学部物理学科卒業後、コンピュータ・メーカーにてAI開発に従事。2003年より(株)感性リサーチ代表取締役社長。語感の数値化に成功し、大塚製薬「SoyJoy」など、多くの商品名の感性分析を行う。また男女の脳の「とっさの使い方」の違いを発見し、その研究成果を元にベストセラー『妻のトリセツ』『夫のトリセツ』(共に講談社)、『娘のトリセツ』(小学館)を発表。他に『母脳』『英雄の書』(ポプラ社)、『恋愛脳』『成熟脳』『家族脳』(いずれも新潮文庫)などの著書がある。

構成 藤村はるな
ブックデザイン 塚原麻衣子
イラスト 石玉サコ

イラストですぐわかる!
# 息子のトリセツ

発行日 2021年8月12日 初版第1刷発行

著　者
黒川伊保子

発 行 者
久保田榮一

発 行 所
株式会社 扶桑社
〒105-8070 東京都港区芝浦1-1-1 浜松町ビルディング
電話:03-6368-8870(編集) 03-6368-8891(郵便室)
www.fusosha.co.jp

印刷・製本
大日本印刷 株式会社


ISBN978-4-594-08912-2